August Guido Holstein / Wind auf Fahrt

Weihnacht 1986.

Herzliche grüße
vom
„Holstein - Quartett"

Innerschweizer Lyrik- und Prosatexte (ILP)
herausgegeben von
Bruno Stephan Scherer und Alphons Hämmerle

INNERSCHWEIZER LYRIKTEXTE 11

August Guido Holstein

Wind auf Fahrt

Lyrische Texte

Cantina-Verlag Goldau

Lavierte Tuschzeichnungen von Andreas Holstein

© Copyright 1986 by
Innerschweizer Lyrik- und Prosatexte
im Cantina-Verlag
CH-6410 Goldau, Mythenstrasse 20
Herstellung: «Ostschweiz» Druck + Verlag AG, St.Gallen
ISBN 3-85714-013-5

ODER WIND IM GARTEN

FÜR RITA

Wo immer wir stehn
und gehen,
begleitet uns
der Wind der Veränderung
und verbietet uns
zu sein. –

Daher können wir
nur werden.

WIND AUF FAHRT

DER SCHNELLZUG

Der Schnellzug
windet sich durch Gesteinsmassen.
Die Strasse
ist eingepackt in Beton.
Von den Grünhängen
grüssen die Dächer.
Soviel Behausung, Heimat
gleitet unfassbar vorüber.
Eine Sekunde,
wo mancher ein Leben lang steht.
Postkartengrüsse
mit einem Zwiebelkirchturm
aus dieser bunten Welt
vor einer verdämmernden Steinwand.
Wir fahren zuviel.

IM BUMMELZUG

Im Bummelzug
eröffnet sich Landschaft.
Zwischen Stationen
grüsst freundlich
auf einem Rundtürmchen
ein kleiner Drache;
daneben ein Haus mit Riegel
in einem behüteten Park.
Alles lädt ein
zum Verweilen.

Aber im Schnellzug
jagt die Welt fremd
in kalter Geschwindigkeit
an uns vorbei.

AUF DER FAHRT

Verwehender Blauhimmel
bei Freudenau
durch eine graue Scheibe.
Aber silbern gleissen
die Schienen aus dem Rost
der vorbeigefahrenen Züge.

Am Rande des Geäders
eines Rangierbahnhofs
schweigen barocke Bäume
bei einem stehenden Fluss,
der alles widerspiegelt.

Wir fahren vorbei
am Strahl der Sonne,
der die Reben
am jenseitigen Hang trifft.

Die wir im Grauen verweilen,
hoffen auf das Blau und Gelb
der Ernte.

Noch fahren wir
unsern Ufern entlang

und blicken hinüber.

FRÜHLING
AUS DEM EISENBAHNFENSTER

Sieh dort den Busch,
die Veilchen am Bord!
Ah, schön...
Veilchen?
Das blaue Überkleid
eines Bahnarbeiters.

SEILBAHN

Wie ein Vogel
holt dich
am Sonntag
die Seilbahn
über den Nebel.

Aber am Werktag
musst du selber steigen,
um über das Grau
des Alltags
hinwegzusehn.

REISEWIND

Glaubst du,
wenn du reisest,
es vergrössere sich
dein Selbst?

Wenn du den Fahrtwind
spürst an der Stirne,
wenn die Freiheit
an dir vorüberzieht?

Du schwelgst
in den Möglichkeiten,
die du nicht ergreifst
und suchst das Besondere.

Du haschest
das Auffällige,
die Kulissen und Staffagen,
die du aneinanderreihst.

Wie soll
sich Leben entfalten,
wenn du die Bühne
gleich wieder verlässest?

Du lebst
in der fliehenden Zeit
des Rädergeratters,
und deine Gegenwart verrinnt.

BEI DAUDETS WINDMÜHLE

Wie die Gezeiten
fluten Besucherströme
zu Daudets Windmühle
aus dem letzten Jahrhundert.

Einen Parkplatz für Cars
und Hunderte von Autos
hat man aus dem Felsen gehauen.
Den untern Windmühlenflügel
schützt Stacheldraht.
Über die Aufstellung von Papierkörben
wird noch diskutiert.

Ich frage mich,
was von unserem Jahrhundert
einst besichtigt werden wird.

TOURISMUS

Pinienhalbinseln mit Badenden.
Pingpong oder Bötchen?
Byzantinischer Dom aus dem 7. Jahrhundert.
Eiscornet schleckende Kinder.
Hundert Läden mit Silberfiligran.
Wellen und Kiesel.
Ein Hochzeitszug durch die Inselstadt,
die Braut aber ungezuckert.
Fasane am Buschrand
mit schimpfenden Jägern
und Touristen dazwischen.
Oben das Abendglühn
am Renaissancehimmel.

CARREISE

Die Kinder,
deren Väter
tot sind,
haben ihre Mamies
auf Reisen geschickt,
um eine Ritterburg
und eine Stierkampfarena
zu besichtigen
oder sogar in einem Museum
die Statue Apolls
– um zu vergessen.

Sie durchfahren,
sie durcheilen
alles
und drücken einander
beim Abschied
herzlich die Hand.

BLAUSEE

Blausee,
eingefasst ins Grün der Matten,
wo Sternenschiffe rot
im Wind die Flut durchziehen,
blickst ins fernere Blau –
Traum des Fahrens
in der Unendlichkeit –
während wir Schweissporigen
im Geranke geradliniger Rebstöcke
unsern Wein umsorgen
für die Runde Gemütlichkeit
auf einer Terrasse am See.

SINGE

Singe in der Tiefe der Bilder,
wenn der Wind
an den Konturen feilt
und sie verändert:
das Innere ist beständig.

LEKTÜRE

Als nach manch schönen Tagen
sich graue Finger
uns entgegenstreckten,
ein Riesenzeppelin aus Watte
still vor die Bergesrücken glitt,
die schirmbemützte Wolkenmannschaft
all die Gipfelfluren schamponierte
und abrasierte alles höhere Feste,
da sass ich in der Bibliothek und las
an der Fensterscheibe eifrig Wort für Wort
vom grossen Regen, der da kam.

WOLKENTRÄGER

Nur der Wolkenträger
macht die Erde bewohnbar,
der Lastenschieber –
gebeugten Nackens
stemmt er höher
bis zum Niedergang,
damit es Frucht trägt.

IM BERGLAND

ERHEBUNG

Lass dich nicht niederdrücken,
erhebe dich wie ein Gebirgsmassiv,
wie die Bergspitze
und darüber
die gleitenden Wolken.

Wenn es auch bläst und rumort
an den Flanken,
der Wind
die gelben Schneestürme entfacht
und die Sicht verdeckt.

Sie erheben sich,
wenn Steine herunterkollern
und Lawinen niederdonnern.
Im Angesicht der Sonne stehn sie
seit Menschengedenken.

Stehe!
wenn du den Kristall,
das höhere Gesetz
von Granit und Erz
in deiner Seele trägst.

Stehe und vergehe
wie die Berge!

NOCH WOHNEN SIE

Noch wohnen sie
in der grünen Wildnis
zwischen Wildbachtrichtern,
in den Steinen wie Eidechsen,
äugen alt und verschrumpfelt
schwarz aus geborstenen Türrahmen
und verschwinden,
wenn Touristenherden
die Steine beklopfen
und den Wildwasserschaum belecken.
Es verbinden uralte Brücken
und die Schwindelbahn
das Steinhaldengetürm
von der Jungsteinzeit
zur Neuzeit
hin und zurück.

PREDIGT VON DER KANZEL
DER ALPEN HERAB

Er wusste nicht,
war es das Gestein,
die Wolke,
die sich aufbäumte,
eine alte Bergdohle,
die scharf äugte,
schwarz flatterte
und redete.
Aber eine Verkündigung
war offensichtlich.

Es hallte
zwischen den Wänden,
alle Wälder
sprachen davon,
Blumen und Gräser
und die Wasser
flüsterten es
in aller Eile.
Auch die Seen,
diese Spiegel des Himmels,
verbreiteten die Nachricht,
indem sie schwiegen.

Anders ist
die Sprache der Menschen,
denn sie ist
nicht ewig.

FRAGE HOCH OBEN IM GESTEIN

Ereignet sich Arvenschönheit nur,
wenn sie umkämpft ist?
Sind die Unwetter
die notwendigen Heimsuchungen
für eine prachtvolle Gebirgswelt
bei Sonnenschein?

Wir lieben die Trümmer der Natur,
das verkrallte Schlachtfeld der Bäume
und die geborstenen Felsen,
die in Blockströmen
zu Tal ziehen.

Wir lieben sie,
weil es zwischen ihnen
überall spriesst,
als wäre das Leben
ewig.

IM MÜNSTERTAL

Äcker wie Fleckteppiche
im Wiesengrund,
der von den Hängen fliesst,
durchschnitten
vom Geröll und Wasserrauschen
und im Kreuz dazwischen
      Santa Maria.
Häuser aneinandergereiht
wie Aves im Kloster Müstair.
Aus der Kunststoff-Blech-Auto-Welt
fallen müde Blicke und Seufzer,
erblindet vom Drang nach dem Süden,
in die Enge deiner Mauern.

HERBSTSPRUCH

Wer nicht im Nebel wandert,
wer aufbricht am Spätnachmittag
in den Bahnen des kurzen Sonnenstrahls,
erreicht nie die Höhen,
erblickt den Himmel nie rein
und hält die blaue Blässe
für die grosse Feier des Tages.

Nur wer im Nebel steigt,
feiert in den Höhen
den unendlichblauen

Sonnengesang.

ENDE OKTOBER

Wie Schiffe
schwimmen
die Berge
im Blau.

Unten
steigen und fallen
die Wogen
des Nebels.

Fahren, fahren,
wohin?
unterm Sonnenregen
der Blätter.

Schon sprechen
die Wiesen
von Erstarrung
und Reif.

Fahren, fahren,
Licht und Bewegung,
solange unser Augenblick
währt.

Wann immer
unsere Sonne
erstrahlt
in unserem Blau.

Auch wenn
unsere Schiffe
nur kreisen
um unsern Berg.

Auch wenn
wir tanzen
wie die Mücken
am Ort.

Einmal vielleicht
finden wir den Sund,
der hinausführt
ins offene Meer.

NEBELWAND

Strahlend und im schönsten Kleid
erwacht das Hochtal zum neuen Tag
und blinzelt lachend zur Sonne.

Nur hinten im letzten Eck der Berge
brodelt eine Suppe mit Nebel.
Wer gut schaut, gewahrt den Fleck.

Aber da hebt sich der Deckel der Pfanne,
und es quillt höher und höher ins Tal
als eine graue, geradgezogene Wand.

Du Spielverderber, Nebel,
hebst das Zickzack der Gipfel weg
und frissest den blauen Himmel.

Schon wallt die riesige Welle
schleiernd zu uns her.
Davor Menschen wie schwarze Tuschezeichen.

Sieht so aus wie eine Schicksalsschrift.
Die Geschichte kennt diese Nebel,
diese tyrannische Gleichmacherei.

Flatternde Fahnen ziehen über uns weg.
Ihre Schatten huschen erobernd vorbei,
der Pomp trostloser Gespensterheere.

Wind schleudert beissende Eispartikel.
Schau vorwärts, sonst fasst es dich
mit Kaltfingern an.

Denk, Sonne scheint darüber.
Immer ist irgendwo
eine lichte Bresche.

Schlüpf dort hinein
und harre aus!
Bald siehst du den Regenbogen.

Du kennst das Zeichen,
das an der Wende steht:
Sonne besiegt den Nebel.

WINTERSPORT IM ENGADIN

Schneefahnen flattern
und Wolkenballone
treiben rudelweise
auf Firnfeldern Wintersport.
Ihre Schatten gleiten
wie Gondeln
über die Skiabfahrt.

Bergspitzen sind selten allein,
meist plaudern zwei oder drei
der alten Damen zusammen;
ihre bewaldeten Sitze
haben sie eng aneinandergerückt,
während schräg gegenüber
ein alter Bergriese vulkanartig
seine Wolkenpfeife raucht
und hinüberhorcht,
was der Wind erzählt.

Kleine farbige Punkte
rieseln die Hänge hinunter,
wachsen und werden zu Skifahrern,
und auf den Eisflächen
der Seen-Perlenreihe
strecken und schwingen
Langläufer ihre Glieder,
läuten wie Glocken
zur Freiheit des menschlichen Gemüts
im Schneegetümmel.

ABBILD EINES TAGES

Sonne schleiert
über das Land.
Schneewirbel
umtanzen die Kugel.

Bergflanken
treiben Versteckspiel.
Auf dem Feld noch
Menschen wie Punkte.

Bäume starren
in Grau gehüllt.
Der Zaun vor dem Haus
ist mir der Nächste.

Alles wird
zur Nahfotografie,
schwarz-weiss heute,
zur chinesischen Zeichnung.

URLAND

BRETAGNE

Bretagne,
deine Ränder
sind mit Steinen umsäumt,
hart ist deine Küste.
Wenn du auch die Wogen
des Meeres hörst,
sie verschweigen
die längst Versunkenen.

Wie Schiffswracks
stehen Kirchen
am Strand,
mit einem Himmel
wie ein umgekipptes Boot.

Seelen atmen
im Weihrauch der Kerzen,
während der Seewind
die versteinerten Heiligen
der Calvaire umstreicht
und nachts der Mond
zwischen Heidegesträuch
mit verschlüsselter Botschaft
die Dolmen betastet.

Neue Städte versinken schon
in ihren Mauern,
gleissende Granithügel
schwemmt es ins Meer.

URLAND

Das Urland
streckt seine Granitfinger aus
und leckt das Salz dieser Erde.

Der Mond treibt
in ewiger Gebärde
die Wasser hin und zurück.

Versteinerte Leere der Ebbe
verwandelt sich
in kurzer Zeit

in die blühende, tanzende Gischt,
und du erkennst das Gesetz
von der Dauer im Wechsel.

BRETONISCHE KÜSTE

Eherne Schildkrötenbuckel,
an die das Meer schlägt,
dumpfglockig und brausend.

Sonnenfunken wie elektrisch,
verstreut über den Wassern.

Draussen gleiten Segel
mit geschwellter Brust.

Die Flut schluckt
Felsbrocken im Gebrodel
und wirft sich stürmisch über sie.

In Schweigen hüllen sich
Ginster und Häuser
hinter den ausgestreckten Armen
der dunklen Pinien.

DAS KAP

Wenn du das Kap umschiffst
der Möwensegler
in Steinpyramidentrauer,
zwischen Zitterfarnen,
wo Schiffe zerschellen
im Wasser- und Nebelgebräu,
beim Lockschrei der Vögel,
und manche Todesblume blüht
aus dem Trümmergranit,
denke, jenseits wartet deiner
immer wieder eine gastliche Bucht.

STRASSE ZUM HAFEN

Töpfe, Teller,
Puppen, Häubchen,
Andenken nistet
in altem Gemäuer –
Andenken an was?

*

Aber die Alte
werktags aus dem untern Fenster,
sonntags von oben herab
sah Menschen
zwanzig Jahre lang
im Strom vorüberziehen. –
Wie interessant doch
Menschen sind!
Man sagt, sie habe
wenig Angehörige gehabt.

*

Fortfahren, fort!
zu den Mondbrocken,
zu den Marsbrocken.
Der Mensch muss sich
ans Fahren gewöhnen,
denn er fährt
gen Himmel.
Fortfahren, fort!

Was geschieht,
wenn hölzerne Engel
im Meere baden,
als Treibgut
in den Wellen schaukeln? –
Braun wird
ihre Haut poliert.
Vielleicht werden sie gefunden,
nach Hause getragen,
in einer Vitrine
ausgestellt.

*

Madame antiquaire
Coquin Piriou soeur
verkaufte Schiffe,
abgefüllt in Flaschen,
daraus mancher Seemann
seine Schlücke nahm,
denn Salzwasser
macht durstig.

BLAUE HORTENSIEN

Blaue Hortensien
an weissen Mauern,
Kastanienblütenkronen
ums Feld.

Grüne Farnwimpel
von Hügel zu Hügel
vor dem Schiffshorizont.

Noch immer tragen
die Weisshaubenfrauen
im schwarzen Rock
ihr Pariserbrot
heim nach Keriolet.

FJORDEINSAMKEIT

Manchmal begegnen sich
Fähren.

Die Linien der Berge
fliessen ineinander.
Das Wasser unterbricht sie
zur grösseren Einheit.
In seinem Spiegel
endet hier alles.

Blaues Parkett
der Schnellboote.

In der Ferne
verdämmern
die Bergkulissen
gestaffelt
zu Ein- und Ausgängen
in kühngeschwungenen Bögen.

Aber nachts
kaum ein Licht
oder so fern
wie die Sterne.

Wenn ich allein wäre
auf dieser Erde?

WIND IM GARTEN

ANEMONE

Durchs blätterflockige Geäst
streicht Wind,
und weisse Blumensterne
purzeln ins Grün
einer Waldwiese.

Das Volk der Buschwindröschen
tummelt sich
im Sonnenstrahlgeflecht,
als wär's ein Märchen
von einem Sternenteppich.

Du aber, violette Anemone,
wiegst dich sanft,
und jedes deiner Härchen

ist ein Gefühl.

TAGESLAUF IM GARTEN

Am Morgen
spielen wir mit Kinderlachen,
und wo die weissgewaschene Wäsche
im Winde flattert,
naschen wir versteckt am Strauch
des duldsamen Nachbarn.

Während der Mittagszeit
scheint die Sonne
auf den Tisch im Garten
mit den vollen Schüsseln und Tellern.
Schnell lassen sich
die Storen senken.

Am Abend
erhoffen wir
die Wärme der Mauern
gegen den frostigen Nachtwind.
Wir begnügen uns mit Wein und Brot,
bevor die Türen sich schliessen.

WIND IM GARTEN

Wenn du glaubst,
in deinem Garten
zwischen Blättern
ruhen zu können,
so wisse:
Es sind alles
Windpropeller.

Auch du kreisest
nach dem Sonnenstand,
und dein Gemüt
ist wie ein Wind
voller Meldungen,
die du hinblätterst
zum Versand.

Es sei denn, du ruhest
ausser dir
und setzest dich
auf ein Blatt,
käferartig
und saugtest dich vergessend
an dessen Gegenwart.

WARUM WACHSEN BÄUME
NICHT GERADE?

Warum wachsen
Bäume nicht gerade?
Warum stehen Tempelsäulen
leicht geneigt?
Warum lieben wir die Takte
verzögert oder beschleunigt?

Etwa weil auch wir
schief gebaut sind
oder von der Norm
abweichen wollen?

Woher denn eigentlich
besitzen wir die Geometrie?
Sie gehört uns nicht.
Oder sind wir deren Korrektur
und ein Prinzip,
das sich widerspricht?

So erfahren wir uns
immer als Frage,
und unsere Antworten
klingen paradox.

ERSTE FRÜHLINGSSÄTZE

Verschwunden ist das Bleistiftgrau,
freundlich und hell ist's im Zimmer.
In meinem Garten blüht duftig ein Aquarell
mit dem Rot der Tulpen im gelben
Forsythiengeflock.

Der Himmel weht im schaumgeschlagenen Blau.
Die Landschaft hat sich wohlig ausgestreckt.
Rötlichblass wipfeln die Locken des Waldes.

Die Häuser lächeln mit dem Brustbild des
Nachbarn.
Hüpfende Kinderscharen schreien zwischen
Wohnblöcken.
Eifrig schwatzen Korbträgerfrauen am
Strassenrand.

Dort pflanzt einer frohgemut einen neuen Baum.
Aber der Nachbar schimpft und schreit,
er wolle weder Besen noch Schatten beim Fenster,
lehnt weit hinaus, schlürft Sonne wie Bier.

HERBST IN UNSEREM GARTEN

Ausgestreckt gegen den Himmel,
steht die graue Tanne,
während das Schilf,
schon angebräunt bis an die Spitze,
dem Wind sich beugt.

Aber noch heben die Rosen
ihre ältlichen Gesichter
gegen dein Fenster.
Die kleine Lärche grünt
hinter dem lilazarten Strauchgerippe.

Gräser tropfen das Nass.
Wicken, Löwenmaul und Ringelblumen
malen Farbtupfer in den Regen.
Blätter wirbeln wie Konfettis
auf den samtgrünen Rasen,

auf den Gartentisch
mit den Äpfeln.

LAUB

Wieviele Generationen schon
haben in diesem Garten
das Laub gewischt?

Warum denn, Häuserbewohner,
rechst du so eilig
die bunten Blätter in den Korb?

Kannst du sie nicht
in Schönheit sterben lassen,
in Rot, Gelb und Gold?

Ist dir die Sprache der Natur
zu deutlich, zu beredt
das Aufblühen im letzten Farbklang?

Du wehrst den Anfängen
und vermeidest
die letzten Blicke.

Es entfaltet sich die Blätterschönheit
im zärtlich-lebendigen Grün
und stirbt im Braun der Erde.

Sie leuchtet warm
lacht dich – ausgebreitet – an,
als sage sie: Sieh her!

Aber wenn Mattigkeit
mit Kälte sie überfällt,
rollt sie sich zusammen.

Sie entzieht sich dem Blick
und wandert fort
in ein anderes Sein.

FESTSTELLUNG

Pflanzen sind nicht einsam.
Wo grüsst nicht eine Birke die andere?
Tannen lieben sich dichtgedrängt.
Selbst Wachholder und Fingerhut
leben gemeinsam.
Heidelbeer- und Kiefergebüsch
streiten sich um den Platz.

Dazwischen
beineln
einzeln
die Ameisen.

FLUCHT

DAS EINSIEDLER MADÖNNCHEN
AN DER FASNACHT

Hektischer Fasnachtswind
fegt durch Schnee und Konfettis
von der dämmrigen Strasse
zur noch hellen Klosterkirche,
wo im kühlen Innern
die stille schwarze Madonna
im Kerzenlicht schimmert.

Kuhglockengebimmel
in der Ferne,
irrlichtartig,
wie Nadelstiche in der Luft.
Schwarze Masken
schleudern Geschreifetzen.
Es klirrt an den Fenstern.

Da äugt an der Hausecke
im Blaufaltengewand
und weissen Schleier
lächelnd ein Madönnchen
mit Elfenbein- und Rosagesicht,
ängstlichfromm und neugierig
in das wüste Treiben.

Mehr als die barocke Pracht
der Klosterfassade
freut uns das Mägdlein.
Doch wir sehn nun erschrocken,
wie eine Horde wilder Cowboys
mit Kriegsgeschrei
sich auf die Magd des Herrn stürzt.

In einen finstern Hausgang
kann Mariechen entwischen.
Die schiessende Jugend
beherrscht den Wallfahrtsort.

WALLISER SCHNITZALTAR

Auf dem Hügel
weiss eingemummt,
die schlichte Kapelle
    Maria im Schnee.
Daneben das karge
Heilandskreuz
der Erlösung.

Auf dem Altar
zwischen goldenen Apfelsäulen
die lächelnde Madonna
    Maria im Schnee,
darüber die gleissende
Meermuschel
der Schaumgeborenen.

Auf dem Seitenaltar,
zwischen blauen Rebsäulen,
die missmutige Bauersfrau
    Anna vom Dorfe,
gleich mit drei Kindern,
lädiert und verbogen
der Heiligenschein.

Und im wilden Geranke
üppigen Blattwerks
zwischen heiligen Tölpeln
    Kinder vom Dorfe
als pausbackige Engel,
grün, blau, rot beflügelt
mit schiefen Gesichtern.

Auf der andern Seite,
zwischen gewundenen Stöcken,
bäurisch geschnitzt,
    Wendelin vom Dorfe
verlässt sein Heim,
flieht in die Wirtsstube,
leicht schwankend.

Christlich-jungfräulich
und heidnisch-üppig
ist die sanfte Religion von
    Maria im Schnee.
Daneben das karge
Heilandskreuz
der Erlösung.

FLUCHT

Die Apfelesser
haben sich
mit den Kaffeetrinkern
verfeindet.

Sie wollen im Freien
unter Bäumen
das Leben geniessen
und nicht in der stickigen Luft

der Intelligenzler und Macher,
im Qualm der Zigaretten,
überbordenden Aschenbechern und Fragen
über Absatz und Abfallbeseitigung.

Ihre Nerven baden
nun im Regenwasser,
auf der Flucht
ins einfache Dasein.

CLUNY

In Cluny lag ich
unter Kuppeln alter Bäume
mit frischem Blätterdach.
Im grauen Turmgemäuer
der Ruinen des Klosters
beobachteten Touristen
hochoben eine Schwalbe.
Eine Grille zirpte
vor einem alten Kapitell,
das die vier gregorianischen Töne
figurenreich darstellt.

Hat Gott schon lange nicht mehr
diese Abtei Cluny besucht?
Liebt er die achteckigen Türme
seines Klosters nicht mehr?
eher eine Mirage,
die darüber dröhnt,
oder den Super-Schnellzug
Marseille – Paris?
Er liebt, so scheint es,
die stete Veränderung.

NACHWORT

Seite an Seite als Lehrer in der Schule lernte ich Guido Holstein als initiativen, hilfsbereiten Kollegen kennen, der über ein Dezennium als Präsident der Literarischen Gesellschaft Baden einer grossen Anzahl von jüngeren, aber auch von «arrivierten» Autoren Gelegenheit gab, interessiertem Publikum aus ihren Manuskripten vorzulesen.

Seine einführenden Worte waren immer so gehalten, dass der Zuhörer gut ins Bild gesetzt wurde über den Gast; mit Feingefühl und Takt hat er oft Schriftsteller vorgestellt, die, zwar momentan «in» waren, aber seinen Vorstellungen von bleibender Dauer nicht unbedingt entsprachen. Toleranz, auch und vornehmlich in literarischen Dingen, gehört zu Holsteins Charakter.

Nicht geringe Zuneigung zeigte er selber zum Theater. Er verfasste Spiele, die er jeweils mit seinen Schülern einstudierte und aufführte. In lebendiger Erinnerung bleibt mir sein Stück «Der Traum vom Fliegen». Aber auch in seiner Wohngemeinde Fislisbach war er als geschickter Theatermann tätig. Weniger in Erscheinung trat bisher sein lyrisches Schaffen. Dass es aber nicht ruhte, beweist die vorliegende Gedichtsammlung, die in den letzten Jahren langsam und behutsam herangereift ist.

Werden geht Holstein vor Sein. Das Motto zu dem Gedichtband lautet:

> «Wo immer wir stehn und gehen,
> begleitet uns
> der Wind der Veränderung
> und verbietet uns zu sein. –
> Daher können wir nur werden.»

Von Wind ist hier die Rede, im wörtlichen und im übertragenen Sinne. Wind, das bewegende Element, das stets selber in Fahrt ist. Wind hat es mit Wandel, mit Veränderung zu tun. Aber er beinhaltet auch noch anderes, nämlich Reisen, Sehen, Erleben. Reisen mit dem Ziel, unbekannte Erdstriche, neue

Landschaften und Länder kennenzulernen. Ein Beispiel: die Bretagne. Holstein hat sie besucht, sie teils zu Fuss durchwandert, teils per Velo durchstreift. Sie bedeutet ihm und ist es auch: «Urland». Da heisst es im gleichnamigen Gedicht:

«Es streckt seine Granitfinger aus
und leckt das Salz dieser Erde.»

«Wintersport im Engadin» heisst eine andere Aufzeichnung. Da wird alles, was der Autor sieht, zur Metapher. Er personifiziert die Natur: Berge und Wolken und alles, was da abläuft, erhält anschauliche, bildhafte Nähe. Es sind Beschreibungen, aber durch ihre dichterische Art sind sie auf eine andere als nur fotografische Ebene gehoben. Das gilt für die meisten seiner lyrischen Aussagen, so auch für das Gedicht «Das Einsiedler Madönnchen an der Fasnacht», das in seiner Skurrilität an das «Triptychon der Heiligen Drei Könige» des flämischen Dichters Felix Timmermans erinnert...

Mit dem Trend des modernen Tourismus hat Holstein nichts zu schaffen. Ich verweise da auf «Tourismus» und «Fahrtwind», wo es heisst:

«Glaubst du, wenn du reisest,
es vergrössere sich dein Selbst?»

In dieser kritischen Haltung trifft sich unser Autor mit Gottfried Benn, dem Berliner Arzt und expressionistischen Lyriker, der im Gedicht «Reisen» das gedankenlose Herumfahren brandmarkt. Was sich mancher heutige Erdenbürger vom Reisen erträumt, das Wunderland nämlich, findet er nicht (höchstens ein Dixieland amerikanischen Zuschnitts...), weil ihm die Fähigkeit fehlt, wirklich zu sehen, richtig zu erleben und sich verwandeln zu lassen.

Holstein lässt sich vom Gegenstand einfangen, aber dann hält er inne und schafft sich Distanz durch Reflexion. Daraus ergibt sich eine Spannung, die in dem Zueinander von Gemüt und Verstand entsteht. Polarität atmen die meisten seiner Gedichte. Stark ist jeweils das Erlebnis, aber vor dem Abgleiten in einen flachen Impressionismus schützt ihn der wache kritische Verstand, der die Wirklichkeit hereinholt. Dem Ideal setzt er kontrapunktisch die Alltagsrealität gegenüber, der Ferne die Nähe, der Unendlichkeit das Begrenzte. Holsteins Energie verpufft nicht, sondern sammelt sich zu ruhiger Kontemplation.

Das Schöne ist ihm nicht nur in der Ferne, sondern ebenso im Alltag, im Kleinen erfahrbar. Es tritt ihm beispielsweise entgegen in seinem Garten im jahreszeitlichen Ablauf. Es offenbart sich ihm auf vielfältige Weise. Er findet es im Geborstenen eines zertrümmerten Felsgesteins; aber unmittelbarer spricht es ihn aus der Blume an, wofür ich «Anemone» zitieren möchte. Die Farbigkeit von Holsteins lyrischer Sprache ist das eine, das genaue, konturenscharfe Sehen das andere.

Alphons Hämmerle

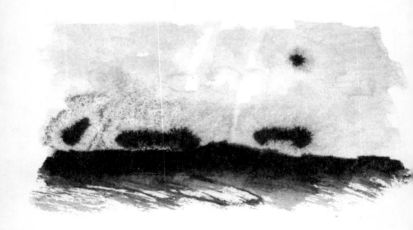

INHALT

TAFEL DER GÖNNER

Autor, Herausgeber und Cantina-Verlag
danken allen Gönnern herzlich:

Regierungsrat des Kantons Schwyz
Regierungsrat des Kantons Zug
Stadt Zug

Gerling Globale Rückversicherungs-Gruppe AG,
    Zug
Ernst-Göhner-Stiftung, Zug
Sarna Kunststoff AG, Sarnen
Urner Kantonalbank, Altdorf

Baer, Weichkäserei AG, Küssnacht a. R.
Benedetta Bonomo, Zürich
Hans Holzgang, Apotheke, Küssnacht a. R.
Alois Imholz-Schnellmann, Schattdorf
Adolf Sidler, Credita, Küssnacht a. R.

Ungenannt aus dem Kanton Luzern
Ungenannt aus dem Kanton Schwyz
Ungenannt aus dem Kanton Zug